इश्क़ बग़ावत

(कविता-संग्रह)

# इश्क़ बग़ावत

रितेश रजवाड़ा

हिन्द युग्म

**ISBN :** 978-93-92820-96-0

**प्रकाशक:**
हिंद युग्म
सी-31, सेक्टर-20, नोएडा (उ.प्र.)-201301
फ़ोन- +91-120-4374046

**मुद्रक :** मनीपाल टेक्नोलॉजीज लिमिटेड
**आवरण-संकल्पना :** प्रियंका
**कला-निर्देशन :** विजेन्द्र एस विज

**पहला संस्करण : नवंबर 2023**
**मूल्य : ₹249**



Ishq Baghawat
A collection of poems by *Ritesh Rajwada*

Published By
Hind Yugm
C-31, Sector-20, Noida (UP)-201301
Phone : +91-120-4374046
Email : sampadak@hindyugm.com
Website : www.hindyugm.com

**First Edition: Nov 2023**
**Price : ₹249**

*सिर्फ़ और सिर्फ़ मेरे दोस्तों को समर्पित*

## रोज़ जिससे इश्क़ होता है

फूल देखा है? उस पर पड़ी ओस भी देखी होगी! ऐसी ही थी वो। ये शेर-ओ-शायरी, क़िस्से-कहानियाँ, सब उससे मिलने का ज़रिया हैं बस। वो साथ नहीं है, पर उससे बात करने का, लड़ने का, रूठने-मनाने का, अपने मन की बात कह लेने का सिलसिला है ये किताब।

मेरे हिस्से की कुछ रातें हैं, जो उसके बग़ैर भी उसी के साथ गुज़ारी हैं। कुछ दिन हैं, जिनके पन्ने शायद आज भी नम हैं। कुछ आंदोलन हैं, जो मेरे इश्क़ की तरह मेरे सीने में आज भी धधकते हैं। कुछ लम्हे हैं, जिन्हें चुराकर रखने के लिए एक तिजोरी चाहिए थी, सो ये किताब बना ली।

अब भी ज़िंदगी में कुछ अच्छा होता है तो लगता है– उसने दुआ पढ़ी होगी। कोई शे'र होता है तो लगता है– उसने याद किया होगा। यूँ ही बिन बात के मन ख़ुश हो जाए तो लगता है– कहीं खिलखिलाई होगी वो।

रोज़ उससे इश्क़ हो जाता है, रोज़, वो पहली बार-सा इश्क़। जैसा बीएससी के दूसरे साल में हुआ था, 9 सितंबर को। रोज़ सोचते हैं आज कह देंगे, कह नहीं पाए, जाने किस बात से मन रुक-सा जाता है। फिर लगता है छोड़...

# शुरू से पहले

मुझे नहीं पता कि प्रस्तावना कैसे लिखी जाती है। मुझे कोई अनुभव नहीं है। मैंने किताबें पढ़ते समय प्रस्तावना पढ़ी भी नहीं कभी। हमेशा आगे बढ़ जाने की हड़बड़ी में रहा। हो सकता है इस बात से आप मुझे जज करें। सो मैं पहले ही स्वीकार लेता हूँ कि मैं कोई बहुत बड़ा लेखक या विचारक होने का दावा नहीं करता। शायद इसीलिए साहित्य की सबसे पहली सीढ़ी पर पड़ते हुए ये पाँव कँपकँपा रहे हैं। जबकि मैं मानता हूँ दुनिया की कोई भी कृति आलोचना के वृत्त से बाहर नहीं है। सीखने पढ़ने की बेहद सूक्ष्म यात्रा के दौरान ये भी ख़ूब समझने का प्रयास किया कि आलोचनाएँ मनुष्य की गति और आकार को धार देती हैं। फिर भी हज़ार आशंकाओं से मन घिरा हुआ है। लगता है इस किताब के बाद जाने कैसी प्रतिक्रिया आएगी, क्या चर्चाएँ होंगी, होंगी भी या नहीं होंगी! ठीक वैसे, जैसे किसी बच्चे के जन्म से पहले उसके माँ-बाप उसके रूप, रंग, गुण की कल्पना करते होंगे। मेरी माता जी कहती हैं, जिस पर ख़ुद का वश न हो उसे शिव को सौंप देना चाहिए। सो यह कृति भी मैं शिव को सौंप रहा हूँ। हाँ, कुछ आभार हैं जो न अदा किए गए तो मन में एक कलख रह जाएगी।

बचपन में अक्सर अम्मा खिलाते-खिलाते क्षेम जी की कविताएँ सुनाती, "प्रिये इस धरा-सी हमारी रहो तुम, प्रिये इस गगन-सा तुम्हारा रहूँगा, हमारे जलध की रहो सुख तटी तुम, तुम्हारे जलध का किनारा

रहूँगा" और बाहर बैठके में दादा साहेब के यहाँ "ऐ दो जहाँ के आली ऐ गुलशनों के माली, हर चीज़ में है ज़ाहिर, हिकमत तेरी निराली" या चाणक्य चार्वाक पर चर्चाएँ छिड़ी होतीं।

मुझे नहीं पता मेरे भीतर लिखने का बीज दादी-अम्मा के हाथ से खाना खाते-खाते सुने-सुनाए क़िस्सों ने बोए या फिर बाहर बैठके में दादा साहब आदरणीय पुण्यलीन श्री ब्रजेश चन्द्र सिंह जी के पास लगने वाले बौद्धिक जमघटों ने।

मेरे चाचा श्री नीरज सिंह जी द्वारा सदन में राजनीति के हवाले से हो रही शे'र-ओ-शायरी व फ़िल्मी क़िस्से सुनाकर बोए गए, या विचारों के स्तर पर मन को मज़बूत करने वाले पूर्व सांसद व विलक्षण आध्यात्मिक जननेता स्व. बाबू राम सिंह जी के पिता तुल्य स्नेह ने बोए। जिनके बाद क़रीब छः वर्षों से उन्हीं के 10x10 के कमरे में रहते उन्हीं के सिखाए जीवन के मूलमंत्र 'सब अपने सब उनका' या त्याग और सत्य की अवधारणा साध पाने के प्रयास में हूँ।

लेकिन आभार तो बनता है। इन सब से ज़्यादा आभार उन दोस्तों का जिन्होंने बेशर्त मोहब्बत की। मेरी हर मनमानी बर्दाश्त की, मेरा संघर्ष राजनीतिक हो या कविताई, हर जगह मेरे पाँवों में अपनी ऊर्जा फूँकी, मेरे बाज़ुओं में बल बाँधे। मेरे सीने में जब-जब आग कम होने लगी उन्होंने कुरेदकर दोबारा जला दी और एहसास कराया, रुकना नहीं है। लेखन मेरे लिए मेरे छात्र संघर्षों की छोटी-छोटी तुकबंदियों से चलकर किसी आंदोलन की सफलता-असफलता के पृष्ठ पर फैली मेरी सोशल मीडिया वाली टिप्पणियों तक ही सीमित था, जो मेरी सोच से उस वक़्त के लिए काफ़ी संतुष्टिपूर्ण था।

आभार के क्रम में दो सबसे बड़े नाम ऐसे हैं जिनके बिना लेखन को करियर बनाना मेरी सोच से भी परे था। दीपक सिंह और मनोज मुंतशिर।

तमाम छात्र आंदोलनों से गुज़रते जाने कब मेरी आवाज़ दीपक

भइया तक पहुँची और दीपक भइया ने मुझे मनोज मुंतशिर भइया से मिलवाया। मेरा मानना है, गुरु अगर माटी के भी हों तो जंगल में भागते-फिरते लड़के को एकलव्य बना सकते हैं।

ये बात स्वीकारने में मुझे रत्ती भर भी झेंप नहीं है कि मेरे लेखन को आकार मनोज भइया से ही मिलने के बाद मिला। उन्होंने तमाम वैचारिक राजनीतिक सहमतियों-असहमतियों को स्थान देते हुए भी मुझ पर नज़र रखी। कभी रूठे भी तो नाराज़ नहीं हुए। और हर बार कुछ-न-कुछ सिखाते रहे। आभार मेरी भाभी नीलम मुंतशिर शुक्ला जी को जिन्होंने किसी शाम कहा था, "कभी ग्राहक देखकर पुड़िया मत बाँधना" तब से फ़ेसबुक पोस्ट भी लिखी तो उसी ज़ोर, उसी तेवर से। कोशिश की जैसे आख़िरी लिखावट हो।

स्वभाव से घोर आलोचक और मेरे पहले पाठक भाई विनय त्रिपाठी जी को भी आभार जिन्होंने हर बार निर्दयता से मेरी रचनाओं पर टिप्पणी दी है।

आभार मेरी साहित्यिक साझेदार प्रिय साथी दीपाली अग्रवाल जी को, मेरी कविताएँ संग्रहित करने के लिए प्रिय शुभम सरकार को। पहले दोष दर्शन के लिए भाई आदर्श जौनपुरी को और सबसे आख़िर में सबसे असहज पर सबसे ज़रूरी आभार बहुत ही ज़िम्मेदार और प्यारी दोस्त, सम्मानित अर्चना प्रधान जी को जिनके बार-बार डाँटने-लड़ने के फलस्वरूप इस किताब ने शक्ल ओढ़ी।

आभार नभ जल पावक समेत आप सबको।

**रितेश रजवाड़ा**

# कविता-क्रम

## तू मुहब्बत नहीं समझती है

तू मुहब्बत नहीं समझती है
हम भी अपनी अना में जलते हैं
इस दफ़ा बंदिशें ज़ियादा हैं
छोड़ अगले जनम में मिलते हैं

## वो गुलमोहर-सी लड़की

वो गुलमोहर-सी लड़की
उसकी गुदाज़ बाँहें
वो धूप-धूप साँसें
वो नर्म-नर्म आहें
ख़ुशरंग तितलियों-सी
वो गुलमोहर-सी लड़की

इक धुंध-सी हक़ीक़त
कुछ वक़्त-सी रवानी
सोचो तो जैसे ख़ुशबू
पकड़ो तो जैसे पानी

इक दीप-सा जले है
वो जब भी मुस्कुराए
वो हाथ भी बढ़ा दे
तो चाँद तोड़ लाए
हर शय पे उसका क़ाबू
हर चीज़ उसके मन की
वो गुलमोहर-सी लड़की

हाय! जिस्म की बनावट
किस चाक पे बनी है
किस रंग ने रँगा है
किस घाट पे सनी है
जी चाहता है उस पे
कुछ नज़्म-सा लिखूँ मैं
जी भर के उसको रँगूँ
फिर रंग चूम लूँ मैं
उफ़्फ़! नाज़ुकी अलहदा
पत्ते पे ओस जैसी
वो गुलमोहर-सी लड़की

वो रुनझुनें सुनी हैं
बछड़े के घुँघरुओं की
दुल्हन की करधनों की
गेहूँ की बालियों की

हँसती है खिलखिला के
जैसे कि बूँद बरसे
जैसे कि जंगलों से
नदिया कोई उतर के
बेलौस नाचती है
खेतों को सींचती है
हर ओर दौड़ती है
अलमस्त बावरी-सी
वो गुलमोहर-सी लड़की

## कब तक अकेले हम ही कहानी में रहेंगे

रिश्ते की हर इक साझा निशानी में रहेंगे
बिछड़ेंगे भी तो आँख के पानी में रहेंगे
तू देख भी नहीं रहा, सुन भी नहीं रहा
कब तक अकेले हम ही कहानी में रहेंगे

## मैंने नौ साल एक-तरफ़ा उसे प्यार किया

मैंने नौ साल एक-तरफ़ा उसे प्यार किया
प्यार ऐसा कि जहाँ वो ही नहीं था शायद
ऐसी चाहत कि जहाँ और कुछ चाहा ही नहीं
प्यार ऐसा कि जहाँ लाख दुआएँ माँगीं
हाँ दुआओं में मगर उसको तो माँगा ही नहीं

प्यार ऐसा कि जहाँ उसकी आँख का बोसा
अपने ख़्वाबों में भी लेने से मैं डर जाता हूँ
रोज़ कहता हूँ मेरे दिल से चलो बात करें
और फिर रोज़ मैं ख़ुद से ही मुकर जाता हूँ
एक ख़ुनकी-सी मेरे मन में हमेशा रहती
अनसुनी अनछुई ख़ुशबू का ऐतबार किया
मैंने नौ साल एक-तरफ़ा उसे प्यार किया

प्यार ऐसा कि जहाँ इक अजीब जंगल है
जिसमें ख़ुशबू है गुलों की, हज़ार झरने हैं
पेड़ से पेड़ परिंदों का आना-जाना है
तितलियाँ रंग भरा करती हैं दीवारों में
रोज़ आता है चाँद मस्तियाँ करने के लिए
मछलियाँ चढ़ती-उतरती हैं आबशारों में

मैं यहाँ रोज़ फिरा करता हूँ दीवानों-सा
फिर किसी पेड़ के साए में बैठ जाता हूँ
चाँद-तारों का नाम रखता हूँ बतियाता हूँ
और फिर सोचता हूँ दूर बहुत दूर कहीं
अपनी खिड़की से इन्हें वो भी देखता होगा
मेरे तारों का नाम उसने क्या रक्खा होगा
चाँद को किसके तसव्वुर से मिलाया होगा

लोग कहते हैं कि एहसास पता चलता है
इश्क़ और मुश्क छुपाए से नहीं छुपते हैं
बस इसी बात पे उम्मीद किए रोज़-ब-रोज़
एक बैरंग से लिफ़ाफ़े का इंतज़ार किया
मैंने नौ साल एक-तरफ़ा उसे प्यार किया

## और हमीं को छोड़ दिया

हवा से हाथ मिलाया ज़मीं को छोड़ दिया
इसी रिवाज के दुख ने बदन निचोड़ दिया
अजीब शौक़ था उस ख़ुशमिज़ाज लड़की का
हमीं से इश्क़ किया और हमीं को छोड़ दिया

## हम घर से निकलते हुए घर देख रहे थे

कुछ लोग थे जो ख़्वाब-ए-सफ़र देख रहे थे
हम घर से निकलते हुए घर देख रहे थे
हमसे जो वो रूठा तो किसी और से माना
हम थे कि दुआओं में असर देख रहे थे

## अब अपने घर भी आते हैं मेहमान की तरह

जिनके बग़ैर साँस भी लेना मुहाल था
वो लोग पीछे रह गए सामान की तरह
इस दौर-ए-तरक़्क़ी का सिला हमसे पूछिए
अब अपने घर भी आते हैं मेहमान की तरह

## मेरे सर तक नहीं पहुँचे

भटकते रह गए बाहर वो अंदर तक नहीं पहुँचे
उछलते हैं वो दरिया जो समंदर तक नहीं पहुँचे
मेरी दस्तार से चिढ़ थी जिन्हें, पागल वो सब के सब
मेरा क़द नापने आए मेरे सर तक नहीं पहुँचे

## और अभी क्या बोलूँ साथी!

संविधान की भाषा चुप है
संसद की मर्यादा चुप है
आँखें मौन हैं बाज़ू सहमे
हर ज़िंदा दरवाज़ा चुप है
आग ज़ेहन में सुलग रही है
कैसे ठंडा हो लूँ साथी!
और अभी क्या बोलूँ साथी!

भीड़ में नारे उबल रहे हैं
लंगूरों-सा उछल रहे हैं
ज़िंदाबादों की चपेट में
हर सवाल को कुचल रहे हैं

तुम बैठो आईना पोंछो
मैं भी चेहरा धो लूँ साथी
और अभी क्या बोलूँ साथी!

जिन सड़कों पर गांधी घूमे
लौहपुरुष जनवादी घूमे
वीर भगत आज़ाद राजगुरु
संघर्षों के आदी घूमे

त्याग तपस्या बेच-बाचकर
उन रस्तों पर उन गलियों में
चोर-उचक्के, चोंधर स्साले
पहन लबादा खादी घूमें

सोशलिज़्म के लोहिया-जेपी
वाले नारे भूलूँ साथी
मैं भी वैसा हो लूँ साथी!
और अभी क्या बोलूँ साथी!

## मेरा नाम तक नहीं लेते

ऐसे कमज़ोर भी हैं दुनिया में
खुल के इनाम तक नहीं लेते
बोलते हैं लिखा हुआ मेरा
और मेरा नाम तक नहीं लेते

## उसका दिल नहीं था

अगर वो चाहती मुश्किल नहीं था
हमें लगता है उसका दिल नहीं था
मुहब्बत में वो लड़का हमसे जीता
जो कल तक रेस में शामिल नहीं था

आग सीने में लगी आँख में छाले आए
जब मेरी जान तुझे देखने वाले आए

## कमरा

अभी-अभी तो छुआ है तुमको
अभी-अभी तो हवा हिली है
अभी-अभी कुछ ख़ुशबुओं ने
हमारे घर में जगह बनाई
लगा कि जैसे तुम आ गए हो
बिना बुलाए बिना बताए

तुम्हारी दस्तक भी न हुई पर
किवाड़ों पे इक ज़रा-सी आहट
के जैसे कोई इधर से गुज़रा
ये पर्दा अब भी तो हिल रहा है
ये कमरा जैसे कि पुरसुकूँ है
ये कौन होगा ? तुम्हीं तो होगे
कई दफ़ा ये हुआ भी तो है
कि तुम आ गए हो
बिना बुलाए बिना बताए

मगर ये सच है कि तुम नहीं हो
तुम्हारी यादें हैं जो यहाँ हैं
तुम्हारी हसरत जो चार-सू है
तुम्हारी ख़ुशबू जो रूबरू है

हमारे कमरे के पैरहन में
हमारे कपड़ों की इस छुअन में
हमारे बिस्तर की सिलवटों में
वो जानी-बूझी-सी लग़्ज़िशों में
जो ग़ालिबन ये ख़याल करतीं, मलाल करतीं
सवाल करतीं कि इश्क़ क्या है ?
तुम्हीं नहीं हो मगर तुम्हारी
तमाम यादें तमाम बातें अभी यहीं हैं
ये नक़्श क्या है ?

वही वरक़ जो तुम्हारे जाने के बाद अब भी मुड़ा मुड़ा है
वो संगमरमर का ताज तुमने जहाँ रखा था वहीं पड़ा है
वो पूजा वाली जगह पे तुमने जो गाँठ बाँधी थी वो बँधी है
वो गोल शीशे में एक जोड़ा अभी भी खिड़की पे ही खड़ा है

वो मेज़ जिसकी दराज़ के सर कुरेदकर तुमने कुछ लिखा था
वो लफ़्ज़ सारे, हैं टॉट करते, ज़ुबान करते, हैं बोलते भी

चले भी आओ इन्हें मिटा दो...
वो गाँठ खोलो जहाँ बँधे हैं तमाम वादे, पुरानी क़समें
वो गोल शीशे में एक जोड़ा अभी तलक जो वहाँ खड़ा है
ले जाओ उसको भी तोड़ डालो, अलग करो उन काफ़िरों को
वो संगेमरमर का ताज जिसमें किसी की हसरत दफ़न हुई है
हटा लो उसको
यही हमारी हैं मिन्नतें
कि चले भी आओ कभी भी यूँ ही पुराने रस्ते
बिना बुलाए बिना बताए

## ख़ुशबू बनाने वाले

होंठ पे होंठ धरे पंद्रह-सोलह साल के हम
नासमझ उम्र मुहब्बत का वज़न और ये हम

गुड़ में घोले हुए हस्सास से मीठे की तरह
कच्ची मेड़ों पे हरी दूब के गुच्छे की तरह
आँच से उतरी हुई खीर की ख़ुशबू की तरह
पहली बिछड़न में ढले प्यार के आँसू की तरह

कमसिनी आई थी वो सुब्ह-सी नहलाई हुई
आँख में नींद-सी और जिस्म में कुम्हलाई हुई

दो नये रंग से इक रंग बनाने का भरम

थोड़े से ख़्वाब लिए थोड़ी-सी वो थोड़े-से हम
भोर में माँगी हुई कोई दुआ हो जैसे
ऐसा लगता था कि सब हो ही गया हो जैसे

हम नयेपन में ज़रा भी नहीं समझे कि हमें
एक होने के लिए ज़ख़्म उठाने होंगे
जी का मिलना भी गुनाह होगा ज़माने के लिए
ख़्वाब जो सींचे थे वो ख़्वाब जलाने होंगे

वो लड़ी ख़ूब लड़ी सबसे लड़ी रूठ गई
एक हद तक थी वो मज़बूत मगर टूट गई
माँ के आँसू ने मिटा डाली इबारत सारी
एक झटके में गिरा डाली इमारत सारी

मैं कहाँ जाऊँ मुझे होश नहीं है कुछ भी
जानता हूँ कि तेरा दोष नहीं है कुछ भी
पर चला जाता हूँ तू ख़ुश रहे आबाद रहे
ऐ मेरी जान मगर इतना तुझे याद रहे

भूल जाएँगे सभी दर्द पुराने वाले
इतना रोएँगे मेरे बाद ज़माने वाले
इन हवाओं का बदन सूख के मर जाएगा
हैं मेरे बाद कहाँ ख़ुशबू बनाने वाले

## आप के नाम से बुलाएँ लोग

प्यार सर-आँखों पे चढ़ाएँ लोग
आएँ हमको गले लगाएँ लोग
इश्क़ में वो मुक़ाम हो कि हमें
आपके नाम से बुलाएँ लोग

## वो मेरे गाँव की सड़क-सी है

टेढ़ी-मेढ़ी सी कच्ची-कच्ची सी
कितनी सादा-सी कितनी सच्ची-सी
थोड़ी मीठी-सी कुछ नमक-सी है
वो मेरे गाँव की सड़क-सी है

जब भी बढ़ता हूँ उसकी जानिब मैं
दिल मचलता है गुदगुदाता है
लाख चाहूँ के आज मन भर लूँ
कुछ न कुछ फिर भी छूट जाता है

कैसी अल्हड़-सी बेधड़क-सी है
वो मेरे गाँव की सड़क-सी है

जब भी छूकर उसे गुज़रती हैं
इन हवाओं के पर महकते हैं
ऐसा लगता है सैकड़ों पंछी
उसकी आवाज़ में चहकते हैं

उसके होने से ऐसा लगता है
गुनगुनी धूप कुछ कड़क-सी है
वो मेरे गाँव की सड़क-सी है

## ज़िद

ज़िद है तेरी ज़िद तोड़ेंगे
तूफ़ान का रस्ता मोड़ेंगे
सूरज मत आँख दिखाना तू
मुट्ठी में तुझे निचोड़ेंगे

हम उलझी पीर-फ़क़ीरों की
हम बहकी भुजा समीरों की
कभी धूप-धूप कभी ताप-ताप
ये आदत है रणधीरों की

हम धूल बिछाकर सो लेंगे
आकाश तुझे हम ओढ़ेंगे
लड़ना भर केवल सीखा है
लड़ना हम कैसे छोड़ेंगे

ज़िद है तेरी ज़िद तोड़ेंगे

## कुछ देर तंग करते हैं गुमनाम रास्ते

चलते रहें तो मंज़िलें मिल जाती हैं हुज़ूर
कुछ देर तंग करते हैं गुमनाम रास्ते
उड़ने को आसमान था सारे जहान का
हमने दिलों को चुन लिया उड़ने के वास्ते

## बस हिम्मत कर चलते रहना

जब पाँव तुम्हारे रुक जाएँ
आँखों में आँसू चुभ जाएँ
मंज़िल की सारी उम्मीदें
दिल आग बने और फुँक जाएँ

संग्राम अगर हारे भी तो
सेना साधन वारे भी तो
तुम मन को छोटा मत करना
बस हिम्मत कर चलते रहना

जब कहने वाले कहते हों
सब घाव पोर से बहते हों
हर ओर निराशा छाई हो
असफलता हो तन्हाई हो

सारा सब कुछ बर्बाद रहे
बस पीड़ा ही आबाद रहे
दुनिया तुमको समझाएगी
चलते पथ से भटकाएगी

फिर भी अपने मन की करना
ज़िद करते थे करते रहना
तुम हिम्मत कर चलते रहना

आराम नहीं अपना आसन
लड़ना ही है जय का साधन
पर हिम्मत रखना यार मेरे
लहरों से ना पतवार डरे

तूफ़ान का रस्ता मोड़ेंगे
मौजों की बाँह मरोड़ेंगे
सूरज का माथा चूमेंगे
हम भी मस्ती में झूमेंगे

संघर्षों के ये सब क़िस्से
आगे नस्लें दुहराएँगी
इक नाम तुम्हारा लेकर के
ज़िद का परचम लहराएँगी

इक दिन तो वो भी आएगा
जब सारे ग़म धुल जाएँगे
ये निंदा करने वाले ही
तब जय-जयकार लगाएँगे

ये पीड़ा ताज बनेगी तब
ये ज़ख़्म लिखेंगे तहरीरें
रणधीर भले मर जाता है
ज़िंदा रहती हैं शमशीरें

इस जीत-हार की उलझन से
आगे बढ़ना, बढ़ते रहना
बस हिम्मत कर चलते रहना

## इश्क़ की फूँक से जले हुए हम

झील के चाँद से खिले हुए हम
वो तेरी बाँह में पड़े हुए हम
अब तो पहचान भी नहीं आते
इश्क़ की फूँक से जले हुए हम

## तुम हँसती हो हँसते रहना अच्छा लगता है

फूलों पे तितली का रहना अच्छा लगता है
तुम हँसती हो हँसते रहना अच्छा लगता है
मन को एक दिलासा भर है पर अब भी उसको
सबके आगे अपना कहना अच्छा लगता है

## मैं तंग आ गया हूँ तेरे रख-रखाव से

ऐ ज़िंदगी अब छोड़ ही दे मेरा साथ तू
मैं तंग आ गया हूँ तेरे रख-रखाव से
सीने से लगे तो उसको मेरा दुख पता चले
जो चाहता मुझे है मगर मोल-भाव से

## हमसे एक दिल तक जीता न गया

ख़्वाब भी देर तक देखा न गया
आज फिर रात भर सोया न गया
यार ये सब चुनाव जीत गए
हमसे एक दिल तक जीता न गया

## उँगली से मेरा सारा बदन नाप रहा था

उसकी छुअन का पहला वो लम्हा न पूछिए
दिल ख़ुश था मगर बेतहाशा काँप रहा था
वो तुम नहीं तो कौन था जो ख़्वाब में मेरे
उँगली से मेरा सारा बदन नाप रहा था

## शायद ज़िंदगी की पहली नज़्म

आँखों से वाबस्ता सपने टूटे क्यों
आँखों से वाबस्ता सपने टूटे क्यों
चलते-चलते हाथ हमारे छूटे क्यों
सब कहते हैं तुमने हमको छोड़ दिया
सबके कहने से हम आख़िर रूठे क्यों

कौन है जो साँसों में चुभता रहता है
कौन है जो आँखों से छलका है मेरी
कौन है जो सीने पे लदकर बैठा है
कौन है जो धड़कन में चलता है मेरी

अभी तुम्हारी छुअन तो बिल्कुल ताज़ा है
अभी तुम्हारी ख़ुशबू हमसे आती है
अभी तुम्हारी बात हमारे होंठों तक
आते-आते शरमाती रुक जाती है

अभी तो अम्मा कल ही हमसे पूछी थीं
और सुनाओ उसका हाल मिला था क्या?
यार हमारे चुटकी लेकर कहते हैं
पूछो उनसे कोई और गिला था क्या?

जाने क्यों नाराज़ हैं हमसे ये रातें
कंबल तकिया बिस्तर हमसे रूठे क्यों
आँखों से वाबस्ता सपने टूटे क्यों
चलते-चलते हाथ हमारे छूटे क्यों

## देखिए कब निकल के आती है

ज़ख़्म कोने खड़े सिसकते हैं
पीर होंठों पे मुस्कुराती है
है कोई बात मेरे दिल में भी
देखिए कब निकल के आती है

## हमारी जीत पे दुश्मन यक़ीन करता है

लबों से लफ़्ज़ नहीं ख़ुशबुएँ टपकती हैं
वो बातचीत भी इतनी हसीन करता है
तुम्हारे मामले में हारना पड़ा वरना
हमारी जीत पे दुश्मन यक़ीन करता है

## तुम्हें उस रोज़ फिर हम ही मिलेंगे

लिखी होगी मुहब्बत जिन सफ़ों पर
मेरा दावा है वो नम ही मिलेंगे
किसी दिन ऊब जाओगे सभी से
तुम्हें उस रोज़ फिर हम ही मिलेंगे

## यार जैसे भी हो पर आके वो शाने से लगे

तीर तुक्के से लगे या कि निशाने से लगे
यार जैसे भी हो पर आके वो शाने से लगे
इतनी आसानी से आराम नहीं हो सकता
ये तो वो आग है जो आग बुझाने से लगे

## ऐसी आवाज़ लिख रहा हूँ मैं

सारी दुनिया यहीं दिखाई दे
मेरी आँखों को वो रसाई दे
ऐसी आवाज़ लिख रहा हूँ मैं
वो जो सदियों तलक सुनाई दे

## तू तो पंडित है

लोग पूछेंगे हम इस हाल जहाँ जाएँगे
ये धड़कता हुआ दिल लेके कहाँ जाएँगे
तू तो पंडित है बता कौन ख़ुदा अच्छा है
उसको माँगेंगे वहीं हम भी वहाँ जाएँगे

## उँगलियों दिन गिनो वो आएँगे

रंग उतरे हैं आसमानों से
और कितना अब आज़माएँगे
हो चला है यक़ीन आँखों को
उँगलियों दिन गिनो वो आएँगे

सारा मौसम हरा-हरा होगा
नींद आँखों में नहीं आएगी
जिस्म टूटेगा उनकी बाँहों में
आरज़ू खुल के कसमसाएगी
फूल बाज़ू में तोले जाएँगे
उँगलियों दिन गिनो वो आएँगे

चाँद के पर चुरा के लाऊँगी
सारे ज़ेवर चुरा के लाऊँगी
जिनसे महकेगा बदन प्रियतम का
ऐसी ख़ुशबू नहा के आऊँगी
पाँव घुँघरू ये छनछनाएँगे
सात सुर क़हक़हा लगाएँगे
उँगलियों दिन गिनो वो आएँगे

ये नगर झिलमिलाएगा उस दिन
प्रेम दीपक जलाएगा उस दिन
रास्ते फूल-फूल महकेंगे
रूप गंगा नहाएगा उस दिन
आँखें ड्योढ़ी पे टाँग रखी हैं
और कितना वो आज़माएँगे
उँगलियों दिन गिनो वो आएँगे

## हम परिंदों की ज़ात वाले हैं

चाँद-तारों पे चल के मानेंगे
घोंसलों से निकल के मानेंगे
हम परिंदों की ज़ात वाले हैं
सारी दुनिया टहल के मानेंगे

## बीच में जात-पात है साहब

सारी दुनिया बिसात है साहब
ये मुहब्बत की बात है साहब
दिल धड़कता है मगर डर-डर के
बीच में जात-पात है साहब

## हम अपने लखनऊ में आ गए हैं

अदब की आबरू में आ गए हैं
हम अपने लखनऊ में आ गए हैं
तेरे होने से इस दुनिया के सब गुण
यहाँ के रंग-ओ-बू में आ गए हैं

## मैंने शाहों का सर झुकाया है

जी में आए तो एक तिनका भी
पहले चूमा है फिर उठाया है
वरना ठुकरा के उनकी जागीरें
मैंने शाहों का सर झुकाया है

## हल्ला बोल

हाँ बोल के गर्मी है तुझमें
हाँ बोल के साँसें चलती हैं
हाँ बोल अगर दिल दुखता है
हाँ बोल जवानी जलती है

हाँ बोल जो दिल में बात दबी
हाँ बजा दमामा ज़ोर से बोल
बोल रे साथी हल्ला बोल...

कुछ याद है या सब भूल गया
जब दौर-ए-तबाही आई थी
जब ज़ुल्म के बादल उमड़े थे
जब दर्द ने ली अँगड़ाई थी

हल छोड़ किसानों ने आख़िर
मजबूरन मुट्ठी भींची थी
और देसी वीर जवानों ने
तलवारें कस के खींची थीं

तब अवध प्रांत की धरती से
हुंकार उठी, इक शोर उठा
डगमग डगमग ज़ालिम डोले
इतना भीषण घनघोर उठा

तब घन-घन घन-घन लहर उठी
और बदल गया सारा माहौल
बोल रे साथी हल्ला बोल...

तारीख़ के पन्नों पर कैसी
बिखरा के गाढ़ी धूल गए
हमने आज़ादी याद रखी
फ़ाँसी वालों को भूल गए

सौ-सौ प्रणाम रणधीरों को
चौरी-चौरा के वीरों को
पहले दुश्मन को फूँक दिया
फिर हँस के फंदा चूम लिया

और फिरंगी की गद्दी फिर हुई वहीं डाँवाडोल
बोल रे साथी हल्ला बोल...

इक भगत सिंह मतवाला था
आज़ाद जनेऊ वाला था
इक झाँसी वाली रानी थीं
जो महावीर बलिदानी थीं
फिर मंगल पांडे वीर उठा
बाग़ी बलिया रणधीर उठा
फिर उठा बहादुरशाह ज़फ़र
मुट्ठी भींचे शमशीर उठा

तब अंबर में फटी दरारें धरती पर मच गया भूडोल
बोल रे साथी हल्ला बोल...

(ये गीत एक पुराने नारे से प्रेरित है जो आज़ादी के आंदोलनों से चलकर तमाम हिंदी समझने-बोलने वाले क्षेत्र में आज भी इस्तेमाल होता है।)

## मैं अब उकता गया हूँ ज़िंदगी से

कहानी भी नहीं है दिल में कोई
ज़ेहन भी इन दिनों अच्छा नहीं है
मैं अब उकता गया हूँ ज़िंदगी से
मेरा जी अब कहीं लगता नहीं है

## थोड़ी ख़ुशियाँ भी ग़ैर-वाजिब-सी

हाथ से ये भी रेत-सी फिसली
थी मगर ज़िंदगी मुनासिब-सी
थोड़े ग़म भी थे ग़ैर-वाजिब से
थोड़ी ख़ुशियाँ भी ग़ैर-वाजिब सी

## तुम अपने मन से ख़ुदा बने हो

कहा था क्या और क्या बने हो
अजब-सा इक मसअला बने हो
हमारी मर्ज़ी कहाँ थी शामिल
तुम अपने मन से ख़ुदा बने हो

## ये साल अब आख़िरी है बिन तुम्हारे

उदासी हाथ मलते जा रही है
ग़मों का जी बहुत उकता रहा है
ये साल अब आख़िरी है बिन तुम्हारे
मेरे जीवन में कोई आ रहा है

तुम जा रहे हो जाओ मगर सोचो गर कभी
तुम लौट के आए और तुम्हें हम नहीं मिलें

## अगर महबूब की आँखें हैं दुनिया

ये दिल इतना भी तो तनहा नहीं है
तो फिर क्यों आजकल लगता नहीं है
अगर महबूब की आँखें हैं दुनिया
तो मेरे पास फिर दुनिया नहीं है

## सँवारा नहीं हमें

जल्दी का कोई काम गवारा नहीं हमें
इस बात से अब तक तो ख़सारा नहीं हमें
उलझी हुई तरतीबियाँ बिखरे हुए-से हम
तोहमत लगाई सब ने सँवारा नहीं हमें

## एक दिन हमसे पूछ रही थी वो लड़की

जिसकी ख़ातिर कितनी रातें सुलगाईं
जिसके दुख में दिल जाने क्यों रोता है
इक दिन हमसे पूछ रही थी वो लड़की
प्यार में कोई पागल कैसे होता है

## तू मेरा दुख ही बढ़ाती है दिलासा देकर

उसको मालूम कहाँ प्यार किसे कहते हैं
वो तो ख़ुश होगा तेरे होंठ पे बोसा लेकर
तू मुझे छोड़ दे तो भी मैं सँभल जाऊँगा
तू मेरा दुख ही बढ़ाती है दिलासा देकर

## मूढ़ व्याकुल-सा मन

गूढ़ आकुल-सा मन मूढ़ व्याकुल-सा मन
अब अकिंचन तुम्हें भूलता ही नहीं
नींद की पीठ पर स्वप्न की किरचियाँ
तुम ना कहते तो मैं खोलता ही नहीं

## मेरी दुनिया महज़ तुम तक नहीं है

तुम्हारी दोस्ती पे शक नहीं है
फिर आख़िर क्यों तुम्हीं पे हक़ नहीं है
मैं अब भी चाहता हूँ तुमको पर अब
मेरी दुनिया महज़ तुम तक नहीं है

## हम दीवाने हैं दीवानों के पते मत पूछिए

हमसे आगे ज़िंदगी के ज़ाविए मत पूछिए
हम दीवाने हैं दीवानों के पते मत पूछिए
उनके चेहरे पर लिखा होगा हमारा नाम भी
उनसे क्या रिश्ता हमारा छोड़िए मत पूछिए

## लड़कियाँ देर से समझती हैं

जीत जाना या हारते रहना
है ज़रूरी बिसात पे रहना
लड़कियाँ देर से समझती हैं
फूल जूड़े में टाँकते रहना

## हम थे कि मुहब्बत का ख़्वाब देख रहे थे

आँखों की नज़ाकत का भरम तोड़-ताड़ के
बादल में छुपा आफ़ताब देख रहे थे
उनसे तो दोस्ती भी निभाई नहीं गई
हम थे कि मुहब्बत का ख़्वाब देख रहे थे

## बड़ी दिक़्क़त में हैं ख़ुशियाँ हमारी

कोई समझे नहीं बतियाँ हमारी
बड़ी दिक़्क़त में हैं ख़ुशियाँ हमारी
सभी ख़्वाबों ने मिलकर झूठ बोला
सो आख़िर थक गईं अँखियाँ हमारी

## रोते-रोते सो जाना

ठीक है इश्क़ इबादत है पर काम बड़ी मुश्किल का है
इतना भी आसान नहीं है यार किसी का हो पाना
दीवानों का हाल न पूछो कुछ भी करने लगते हैं
हँसते-हँसते रोने लगना रोते-रोते सो जाना

## उसकी गुदाज़ बाँहें

मेरे ज़ख़्म मुस्कुराएँ मेरा दर्द गीत गाए
ऐ काश सब पे टूटे इतना हसीं क़हर है
मेरे ख़्वाब में वो लड़की उसकी गुदाज़ बाँहें
मैं मर रहा हूँ यारों पर क्या ग़ज़ब ज़हर है

## छोड़ो तुमको याद कहाँ रहते हैं हम

कितनी बार उजाड़ा हमको क़िस्मत ने
ज़्यादा दिन आबाद कहाँ रहते हैं हम
याद है तुमने क्या-क्या हमसे बोला था
छोड़ो तुमको याद कहाँ रहते हैं हम

## ये ख़ुशबू देर तक महका करेगी

छुआ है तुमने भी इक रोज़ हमको
ये ख़ुशबू देर तक महका करेगी
तुम्हारे हाथ सालों तक ये दुनिया
हमारे नाम पर चूमा करेगी

## होती नहीं है रात मुकम्मल कभी-कभी

छुपती नहीं है आँखों की हलचल कभी-कभी
नाहक ही बोल जाता है काजल कभी-कभी
जबसे तुम्हारी याद के बिस्तर बिछाए हैं
होती नहीं है रात मुकम्मल कभी-कभी

## और फिर रात भर सोया न गया

फुँक गई साँस रुक गई धड़कन
दर्द इतना था कि रोया न गया
तेरे सपने से खुल गई आँखें
और फिर रात भर सोया न गया

## मैं उसके दिल में उतर रहा था

तमाम रंज-ओ-ग़म के मसअले
हर एक दुख बेअसर रहा था
वो मेरे सीने पे सर रखी थी
मैं उसके दिल में उतर रहा था

न जाने किसके लिए हूँ ये किसके पास हूँ मैं
बहुत दुखी है मेरा मन बहुत उदास हूँ मैं

## रेज़ा-रेज़ा

मोहे रेज़ा-रेज़ा रंग दे रंगरेज़ा, मैं वारी जाऊँ प्यार में
मोहे देखन की ताब न बची है, जो नैना छूटे यार में

फागुन वाली धूप मँगा दे मल दे मेरे तन पे
हल्की-हल्की चुमुक उठे है, ज़ोर चले न मन पे
कैसे बोलूँ मैं किसको दिखाऊँ ये सूने संसार में
मोहे रेज़ा-रेज़ा रंग दे रंगरेज़ा, मैं वारी जाऊँ प्यार में
मोहे देखन की ताब न बची है जो नैना छूटे यार में

कच्ची-पक्की याद मिला दे खट्टी-मीठी बतियाँ
सबरी वाला इसक मिला दे राह में रख दूँ अँखियाँ
थोड़ी सोंधी-सोंधी महक मिला दे, मिला दे इंतज़ार में

मोहे रेज़ा-रेज़ा रंग दे रंगरेज़ा, मैं वारी जाऊँ प्यार में
मोहे देखन की ताब न बची है जो नैना छूटे यार में

## नींद की गोलियाँ मुबारक हों

दर्द भड़केगा ख़्वाब खौलेंगे
आँसू हिचकियाँ मुबारक हों
इश्क़ अब आख़िरी सफ़े पर है
नींद की गोलियाँ मुबारक हों

## मुझे अवसाद लिखना है

मैं अपने मन का मालिक हूँ
मुझे अवसाद लिखना है
ज़हर पीना है मुझको और
ज़हर का स्वाद लिखना है

## तुम्हें आकाश बनते देखना है

तुम्हें आकाश बनते देखना है
फिर उड़ना भी है छू के देखना है
तू किस शिद्दत से हमको ढूँढ़ता है
कभी खोना है खो के देखना है
सुना है दुख उतर जाते हैं सारे
तेरे काँधे पे सो के देखना है

## आज सूरज पड़ा था पाँवों में

क्या चमक थी हमारे चेहरे पर
कौन ये सीन देख पाया है
आज सूरज पड़ा था पाँवों में
हमने झुककर उसे उठाया है

## बोल रे साथी

सब कुछ मद्धम-मद्धम सा है हर आँख में कोई ग़म-सा है
कोई बोल ना रहा, हाय तौबा, लब खोल ना रहा, हाय तौबा

तू नहीं कहे तो राजा सब धन खाएगा
तू चुप बैठा तो इंक़लाब मर जाएगा
तो...
तो बोल रे साथी, दबा के बोल रे साथी

मंज़िल तक आना है तुझको लेकिन रस्ता छोड़ के आ
हाथ बाँध के बोला हमसे पाँव खुले हैं दौड़ के आ

कोई बोल ना रहा हाय तौबा
लब खोल ना रहा हाय तौबा

तू नहीं लड़ा तो अपने पर कटवाएगा
तू चुप बैठा तो इंक़लाब मर जाएगा
तो...

तो बोल रे साथी, ज़बाँ को खोल रे साथी
दबा के बोल रे साथी, तू कुछ तो बोल रे साथी

## रोटियों की महक

निकले थे अपने घर से तो रूठे भी नहीं थे
यारों ने खूब ख़ुशनुमा हमको विदा किया
छोड़ा था अपना गाँव तो हम थे मँझे हुए
तेरे शहर ने किस क़दर हमको नया किया

रस्ते की धूल फाँक रहा था हमारा जिस्म
सोने की सड़क पर यहाँ पे चल रहे हैं हम
लेकिन न जाने क्या हमारी क़िस्मतों में है
कैसा ये दर्द है कि जिसमें जल रहे हैं हम

चाँदी की मीनारों से सजे शीशमहल में
रहना तो ख़ुशगवार है पर कुछ तो कमी है
अब भी हमारे पाँव के छालों में ज़ख़्म है
अब भी हमारी आँख में गाँवों की नमी है

कहने को आसमान में हम आ गए हैं पर
आँगन में चाँदनी की लहक अब नहीं आती
इस दौर-ए-तरक़्क़ी में कितनी दूर आ गए
चूल्हे से रोटियों की महक अब नहीं आती

## मैंने दो लड़कियों से प्यार किया

मैंने दो लड़कियों से प्यार किया
एक ही साथ एक बार किया
मैंने दो लड़कियों से प्यार किया

दोनों दुनिया से होके आई थीं
दोनों अल्हड़ थीं बावरी-सी थीं
दोनों में अपनी-अपनी ख़ूबी थी
दोनों ख़ुश्बू थीं, शाइरी-सी थीं

एक में दिल था क़द्र थी मेरी
एक में राहतें थीं दुनिया की
एक में दोस्ती की लज़्ज़त थी
एक में आशिक़ी थी दुनिया की

एक ने लब से मेरे लब छूकर
मेरी साँसों को ख़ुशबुएँ दी थीं
एक ने चूमकर मेरा माथा
मुझको जीने की ख़्वाहिशें दी थीं

एक की बाँहों में सुकूँ था और
एक की बाँहों में भरोसा था
एक में रँगे तबीयत सारी
एक में साथ था दिलासा था

एक जो कहती थी कि सपनों में
रंग भरना ही ज़िंदगी है, और
एक कहती थी रोज़ जीने में
है मज़ा और, ज़िंदगी है और

एक कहती थी तुमको पाने में
तुमको खोने का डर रहेगा फिर
एक कहती थी तुमको खोया है
इससे बेहतर भी कुछ मिलेगा फिर!

लोग कहते हैं मैंने रस्मों को
ऐसे तोड़ा कि ज़ार-ज़ार किया
कोई अफ़सोस नहीं है मुझको
जो किया खुल के बेशुमार किया

हाँ किया मैंने, मेरे यार किया
मैंने दो लड़कियों से प्यार किया

## चलो फिर से आओ

नसें काटने का हुनर किसने बोया
ये किसने लगाई थी पहली वो फ़ाँसी
वो था कौन जिसने मुहब्बत में मर के
बदन को नदी में यूँ ही रख दिया था

वो सुकरात से भी बड़ा दार्शनिक है
मगर इश्क़ में कोई दर्शन चलेगा!
चलो उसको ढूँढ़ें, चलो पाँव पड़ लें
ज़हर वाले प्याले को रखकर किनारे
अगर तुम लड़े होते दुनिया से तो हम
मुहब्बत में मरने से लड़ने को सच कहते

पर तुम तो हँसते हुए मर गए हो
न जाने हज़ारों की छाती पे कैसे
ये मरने की आदत को रखकर गए हो
ये आदत छुड़ाओ चलो फिर से आओ

चले आओ मोहन बदल दो वो नक़्श-ए-क़दम अपने फिर से
लिखो अपनी राधे को अपने बदन पर
मिटा दो न मिलने की सारी नज़ीरें
कि तुम तो ख़ुदा हो तुम्हें कौन रोके
कि तुम बेवफ़ा बन के क्यों घूमते हो
चलो आओ मोहन, ये आदत छुड़ाओ
चलो फिर से आओ...

सुनो रोमियो, जूलियट, मजनुओं तुम
सुनो सस्सियों-पुन्नुओं, हीर-राँझों
सुनो सोनियों-महिवालों सुनो सब
सुनो इस ज़माने के शीरी-फ़रहादों

कई सौ बरस तुमने काटी है चुप्पी
मगर अब उठो मुट्ठियाँ भींच लो तुम
उठा लो तड़पती-दहकती मशालें
यूँ मत रोते बैठो करो सरकशी अब
बनो तुम बग़ावत की ज़िंदा मिसालें
के नस्लें कभी तुम पे अफ़सोस करके
मुहब्बत को अपनी फ़ना न करें अब
सभी को मिले इश्क़ उनका मुबारक
चलो मिल के ऐसी नज़ीरें गढ़ें अब

चलो इंक़लाबों के परचम बनो तुम
चलो दम भरो तुम चलो सर उठाओ
चलो फिर से आओ...

## बिछड़ते वक़्त

बिछड़ते वक़्त तुमसे मिल लिए होते अगर हम
तो ले आते तुम्हारा सर झुकाकर मुस्कुराना
सरापा धूप-सा वो जिस्म जिसकी चाहतों में
न जाने कितनी रातें फिर गुज़ारी जाएँगी
लबों के फूल जो छू लें हमारा नाम महके
भरे सावन-सी आँखें जिनमें कितने ख़्वाब झूलें
हाँ जिनके बिन ये नींदें फिर से ख़ाली जाएँगी

बिछड़ते वक़्त तुमसे मिल लिए होते अगर हम

कोई वादा ले आते मिलते रहने का मुसलसल
ज़रा-सी फ़िक्र भरते अपनी आँखों में तुम्हारी
जो माथा चूम के कहते कि अच्छा चल रहे हैं
तो रस्ते भर यहाँ दिल में खिली रहती ख़ुमारी
बिछड़ते वक़्त तुमसे मिल लिए होते अगर हम

मगर फिर से तुम्हारे पास इक लम्हा नहीं है
जहाँ हम बैठकर कुछ देर थोड़ी बात करते
हमें मालूम है अब पहले जैसा कुछ नहीं पर
चलो अच्छा है कि ये ही भरम ज़िंदा अभी है

बिछड़ते वक़्त तुमसे मिल लिए होते अगर हम

जब तक कहीं भी ज़ुल्म है और हमको याद है
तब तक हमारा इंक़लाब ज़िंदाबाद है

## इंक़लाबो

घिर के आएँगी जहाँ भी ख़ौफ़ की परछाइयाँ
दर्द की ख़ामोशियाँ और ज़ुल्म की वीरानियाँ
जब कहीं पर धर्म से उन्माद जोड़े जाएँगे
आम इंसानों के हक़ बूटों से रौंदे जाएँगे

जब चुनिंदा ही घरों में रोशनी दे आफ़ताब
बढ़ के आएँगे जियाले वक़्त को देने जवाब
इंक़लाबो इंक़लाबो इंक़लाबो इंक़लाब

जब कहीं पर बैन होंगी इश्क़ की आज़ादियाँ
बोलते होंठों पे लिख दी जाएँगी ख़ामोशियाँ
एकलव्यों के अँगूठे काटे जाएँगे जहाँ
और डर-डर के रहेंगी अपने घर में बेटियाँ

ख़्वाहिशों को क़ैद करके छीने जाएँगे जो ख़्वाब
तख़्त के रुतबे दिखाकर रौंदे जाएँगे जो ख़्वाब
बढ़ के आएँगे जियाले वक़्त को देने जवाब
इंक़लाबो इंक़लाबो इंक़लाबो इंक़लाब

जब से बाँटे सरहदों ने चाँद, तारे, आफ़ताब
एक ही धुन है ज़ेहन में एक ही है अपना ख़्वाब
गंगा-यमुना के बग़ल में ही बहे रावी-चिनाब
इंक़लाबो इंक़लाबो इंक़लाबो इंक़लाब

## इन ख़ुशियों में एक तुम्हारा ग़म भी रहता है

सब कुछ पाकर थोड़ा-सा कुछ कम भी रहता है
इन ख़ुशियों में एक तुम्हारा ग़म भी रहता है

ख़ामोशी को छम-छम करते जब मिलने आती थीं
माथा चूम लिया करती सीने से लग जाती थीं
तुम तो नहीं हो फिर भी क्यों आँखों में ख़्वाब तुम्हारे हैं
सारी दुनिया जीतने वाले अब भी ख़ुद से हारे हैं

हँसती आँखों में दुख का मौसम भी रहता है
इन ख़ुशियों में एक तुम्हारा ग़म भी रहता है

आँखों में कुछ ख़्वाब लिखे थे
ख़ुशबू भी कुछ बोली थी
अपने मिलन की अपने छुअन की
पहली-पहली होली थी

याद है तुमने रंग मला था
हल्के-से दो गालों में
जैसे रंग उतर आया हो
आहिस्ता-से चालों में

रंग वो अब कम खिलता है कुछ नम भी रहता है
इन ख़ुशियों में एक तुम्हारा ग़म भी रहता है

## इक दिन सबसे जीत गया तो

आपस में लड़ते-लड़ते... मैं इक दिन सबसे जीत गया तो क्या पाऊँगा ?
कुछ छोटे-मोटे तर्कों पर विजय भान
या थोड़ी-सी अपने मन की कर लेने का स्वाभिमान
जो अहंकार से थोड़ा कम है
या सच-परस्त होने की इक छोटी-सी नुमाइश जिसको हर कोई बेच रहा है !

सोच रहा हूँ सच बोलूँगा अड़ जाऊँगा, नहीं झुकूँगा लड़ जाऊँगा
कौन टिकेगा मेरे आगे, सच के आगे
फिर लगता है जीत तो लूँगा

लेकिन ख़ाली पड़े क्षेत्र में विजय दुंदुभि कौन सुनेगा ?
किससे अपना सुख गाऊँगा ?
मेरे सारे अपने तो मूर्छित ही होंगे

लोग हँसेंगे ख़ुश भी होंगे, कीर्ति लिखेंगे
मेरी जीत से आख़िर उनका दुख सुलझेगा
लेकिन क्या उनको अपने मूर्छित लोगों पर यूँ ही हँसते देख सकूँगा ?
रोक सकूँगा उनके तीखे अट्टहास को
क्या बोलूँगा ?
कैसे सह पाऊँगा ये सब ?
सोच रहा हूँ...

आपस में लड़ते-लड़ते... मैं इक दिन सब से जीत गया तो...

## लम्हे

आज लम्हे पिरो रहा था मैं
हाँ वही जो जाने कब गुज़र गए
वक़्त के गत्ते में धूल से सने तह-दर-तह दबे हुए
उन्हें उठाकर चुन-चुन के
एक-एक लम्हे की धूल झाड़ते-पोंछते
अपनी यादों से मिलान करते
वक़्त के दरीचे से निकालकर
आज लम्हे पिरो रहा था मैं...

दूर कहीं नीचे दबा-दबा सा वो लम्हा भी मिला
जहाँ स्कूल न जाने की ज़िद पे बहते टेंसुए
माँ के आँचल से पोंछे जा रहे थे
टिफ़िन में रखे पराठे, बैग की पहली ज़िप में पारले का पैकेट
और चंद टॉफ़ियाँ मेरे नाज़ उठा रही थीं
तेल से सने बाल, गाल पर आँसू की मोटी-मोटी धार
और माथे पे बाईं ओर काला-सा टीका
आज लम्हे पिरो रहा था मैं...

एक घर दिखा जहाँ रिश्ते दुआओं की शक्ल में
कक्का जी की टॉफ़ियों से बाबूजी की साइकिल तक
सफ़र करते मिले
मियाँ, रामदेव, जुगुरा, केदार सरीखे वो लोग भी मिल गए
जो हमारे कुछ नहीं लगते थे
फिर भी जाने कितनी दफ़ा उनके काँधे पे बैठकर
दुनिया की सैर कर आए
हाँ वही दुनिया जो स्कूल के बैग से लेकर
गाँव के मेले तक फैली थी
वो लम्हे जब शरारतें घर से चोरी-चोरी
अपने कपड़े-गमछे में लपेटे दोस्तों के साथ भगते-दौड़ते
खेत-खेत ट्यूबवेल पर जातीं, घंटों डूबती-उतरातीं
फिर जेठ की चटख धूप में आँखें लाल किए घर आतीं
रोज़ पिटतीं, डाँट खातीं
पर फिर अगले दिन किसी बहाने से निकल जातीं

साँप-सीढ़ी, लूडो, ताश के चोरी किए कुछ पत्ते समेत
गर्मी की छुट्टियों पर बेबस मुस्कुराते लम्हे
एक कोने में पड़े नज़र आए
जैसे धूल फाँकता जिस्म आज भी दौड़ रहा हो वहीं

वो लम्हा भी मिला जो अभी कुछ रोज़ पहले गुज़रा था
जहाँ दिल बचपन का साथ छोड़ जवानी से हाथ मिला रहा था
सारे दोस्त ज़िंदगी की भाग-दौड़ में शामिल होने जा रहे थे
एक नया दौर शुरू हो रहा था,
जहाँ तुम पहली दफ़ा हमें नज़र आए
छोटी-सी साइकिल पर स्कूल से लौटते हुए

गाँव के खड़ंजे पर लड़खड़ाते-सँभलते
जहाँ तुम्हारी कत्थई आँखें ग़ुस्से में चिढ़ी-चिढ़ी
हमें घूरते आगे बढ़ गई थीं
आज लम्हे पिरो रहा था मैं...

एक-दूजे का हाथ थामे लाखों वादे दिखे
कुछ क़समें जो बाद में टूट गईं तुमसे
इक मिठास जिसका खोखला जिस्म अब पहचान में नहीं आता
वो सब साबुत यहाँ अपने होने की मौन गवाही देते नज़र आए
जैसे सब कल ही तो गुज़रा हो
बहुत-से अब भी बाक़ी थे जिनमें जाने कित्ते खट्टे-मीठे झगड़े हैं
ढेर सारा प्यार है
बिगड़ा-सा पागलपन और पिता जी से छूटता हाथ
ये सब पिरो रहा था कि
बड़े होते बच्चों को दिखाकर एक लम्हे ने आवाज़ दी–
'सुनो! अब तुम बच्चे नहीं रहे, मोतियाँ गूँथना बच्चों का काम है'

आज लम्हे पिरो रहा था मैं...

## तब याद तुम्हीं तो आते हो

जब पेड़ों पर दिन ढलता है
जब शामें छत पर आती हैं
जब दूर कहीं हाँ दूर बहुत
कुछ चिड़ियाँ उड़ती जाती हैं
जब चाँद के चेहरे पीले से
तालाबों में मुँह धोते हैं
जब सारी दुनिया सोती है
हम तारे गिन रहे होते हैं

तब बादल की पेशानी पे
इक चेहरे-सा बन जाते हो
तब याद तुम्हीं तो आते हो

जब ख़ामोशी उलझाती है
आँखें दरिया हो जाती हैं
जब कोई पास नहीं होता
ये दिल भी साथ नहीं होता

जब धुआँ-सा कुछ-कुछ उठता है
आवाज़ों से दम घुटता है
तुम क्या जानो न होकर भी
तुम कितना पास आ जाते हो

तब याद तुम्हीं तो आते हो

## नज़्म

आँखों की हद से दूर कहीं दूर बहुत दूर
इक ख़्वाब का दरिया है जहाँ इश्क़ लिखा है
जहाँ रूह बनी है जहाँ दिल ये हँसा है
वहीं तुमको मिलूँगा, कहीं दूर बहुत दूर
जहाँ शाम रुकी है, जहाँ ओस खिली है
जहाँ दिन से थकी धूप भी हँसके चली है

जहाँ रोशनी के ताक़ पे चाँद जड़े हैं
कहीं ख़ुश्बुएँ बिखरी हैं कहीं रंग पड़े हैं
मैं नर्म हवा-सा वहीं तुमको मिलूँगा
कहीं दूर बहुत दूर...

ये काग़ज़ी लौ है, ये दुनिया है फ़ानी
इक रोज़ चुकी है यहाँ सबकी कहानी
तुम्हें पा भी गया तो तुम्हें खोना पड़ेगा
सो जी ले कहीं और किसी और की बाँहें
मैं तुमको मिलूँगा
इस उम्र के उस पार कहीं दूर बहुत दूर
आँखों की हद से दूर कहीं दूर बहुत दूर

## चाय मैं दो ही कप बनाता हूँ

एक सूना-सा इंतज़ार है ये
मैं इसे रोज़ आज़माता हूँ
तुम नहीं आते हो मगर फिर भी
चाय मैं दो ही कप बनाता हूँ

## आज आब-ओ-हवा में ख़ुशबू है

हर ख़ुशी मुस्कुरा के कहती है
दर्द बनकर छुपे हुए हो तुम
आज आब-ओ-हवा में ख़ुशबू है
लग रहा है घुले हुए हो तुम

## इंक़लाब की बोली से

जाकर कह दो बदज़ुबान और बेक़ाबू कप्तानों से
चौकी-चौकी जाकर कह दो, जाकर कह दो थानों से
हम डरते नहीं हथकड़ियों से, लाठी से या गोली से
हम हैं आगे बढ़ने वाले इंक़लाब की बोली से

# मैं अंदर तक टूट गया

तेरा पीछा करते-करते जाने क्यों
मैं दुनियादारी से पीछे छूट गया
तूने तो ऐ जान महज़ तोड़ा था दिल
तू क्या जाने मैं अंदर तक टूट गया

## ख़्वाब बाग़ी हैं

नींद ग़ायब है ख़्वाब बाग़ी हैं
फिर भी मैं इंतज़ार करता हूँ
मेरे अंदर जो कोई तुम-सा है
अब भी मैं उसको प्यार करता हूँ

## अब उसे याद न करें हम भी

झट से आँसू छुपाने लगता है
कितना मग़रूर है मेरा ग़म भी
सोचते हैं कि एहतियातन ही
अब उसे याद न करें हम भी

## आईना

कुछ-न-कुछ करके रहेगा आईना
पत्थरों से भी लड़ेगा आईना
रूप का जादू अभी देखा कहाँ है
आईने को ख़ुद छलेगा आईना

## कोई आया है

यार छोड़ो भी ये बहाना अब
एक अरसा यही चलाया है
आज रहने दो आज मत आना
आज तो घर पे कोई आया है

## चहक रहा है

अजब ख़ुशी है अब उसके चेहरे पे देखो कैसे लहक रहा है
कि एक परिंदा जब अपने गुलशन में आ गया तो चहक रहा है
जो मेरी आँखों में जल रही है ये उसके हिस्से की रात है और
जो उसके चेहरे पे रोशनी है मेरा तसव्वुर चमक रहा है

## माँ होना आसान नहीं है

लड़ जाती है रो लेती है
औरत है भगवान नहीं है
दुख भी सहना ख़ुश भी रहना
माँ होना आसान नहीं है

## इक पागल-सी लड़की है

अब भी मुझसे लड़ती है
यानी रिश्ता रखती है
मेरी ख़ुशियाँ जिसकी हैं
इक पागल-सी लड़की है

## यार थोड़ा-सा साँवला हूँ मैं

हँसने-रोने का सिलसिला हूँ मैं
लोग कहते हैं बावला हूँ मैं
उसके बच्चों का रंग क्या होगा
यार थोड़ा-सा साँवला हूँ मैं

## उसे सारा ज़माना जानता है

वो हर ग़म मुस्कुराना जानता है
उसे सारा ज़माना जानता है
वो झुक जाता है अक्सर सबके आगे
वो अपना क़द बढ़ाना जानता है

## छोड़ो तुमको याद कहाँ रहते हैं हम

कितनी बार उजाड़ा हमको क़िस्मत ने
ज़्यादा दिन आबाद कहाँ रहते हैं हम
याद है तुमने क्या-क्या हमसे बोला था
छोड़ो तुमको याद कहाँ रहते हैं हम

## चाँद ने अपनी फ़ोटो भेजी

हर कोई अब रश्क़ करेगा मेरी इस हैरानी पे
आज तुम्हारा चेहरा देखा ख़्वाबों की पेशानी पे
सोच रहे थे काश तुम्हारे जैसा कोई दिख जाता
चाँद ने अपनी फ़ोटो भेजी ठंडे-ठंडे पानी पे

## चलते-चलते खो जाने की आदत है

दुनिया लाख तग़ाफ़ुल बरते हमसे पर
हमको सबका हो जाने की आदत है
इश्क़ में डूबे सब हैं पर हमको मौला
चलते-चलते खो जाने की आदत है

## जाने किस बात से भरा है दिल

ज़िद पे आए तो कहाँ सुनता है
फिर तेरी याद पे अड़ा है दिल
कोई कारण मिले तो रो लूँ मैं
जाने किस बात से भरा है दिल

## जाने हम लौटें न लौटें

जाने हम लौटें न लौटें
जाने धूप छँटे या छाए
तख़्तनशीनों तुम ही बोलो
क्यों बारूद के मौसम आए

## बस वही शख़्स तो हमारा है

वक़्त बहता हुआ-सा दरिया है
इश्क़ उलझा हुआ शिकारा है
इक वही शख़्स जो नहीं हासिल
बस वही शख़्स तो हमारा है

## हर किसी को किसी की ख़्वाहिश है

हर किसी को किसी की ख़्वाहिश है
यानी हम सब अधूरे होते हैं
नींद को क़त्ल करना पड़ता है
तब कहीं ख़्वाब पूरे होते हैं

## ज़िंदगी बन गई राधिका-सी

प्यार के हम हर इक पन से वाक़िफ़
काश बाक़ी हो कोई कसर भी
ज़िंदगी बन गई राधिका-सी
और जीनी है सारी उमर भी

## धार पे रह के भी जिए जाना

धार पे रह के भी जिए जाना
कौन जाने है मयान से बेहतर
दर्द से लफ़्ज़ हों अगर हल्के
ख़ामुशी है बयान से बेहतर
तुम कभी मन से बैठकर देखो
है ज़मीं आसमान से बेहतर

## आज का दिन गुज़र गया साहब

एक क़िस्सा था मर गया साहब
आज का दिन गुज़र गया साहब
एक मुद्दत पे आँख झपकी थी
ख़्वाब आँखों से डर गया साहब

इन्हीं दरख़्तों के साये में इतनी ठंडक है
इन्हीं दरख़्तों को चूल्हे में फूँक देते हैं

मेरे अंदर जो एक दुनिया है
आज कल मैं वहीं पे रहता हूँ

## ले तेरी बात मान ली मैंने

ख़ुद पे बंदूक़ तान ली मैंने
आख़िर अपनी ही जान ली मैंने
चल तुझे अब नहीं मिलूँगा मैं
ले तेरी बात मान ली मैंने

## इक दर्द है जो मन से सहा जा रहा है आज

सब कुछ तो बिना मन के हुआ जा रहा है आज
एक घाव है रह-रह के छुआ जा रहा है आज
इक ज़ेहन है जो कब से गिरफ़्तार है कहीं
इक दर्द है जो मन से सहा जा रहा है आज

# वो मुझे इतना आज़माता है

वो मुझे इतना आज़माता है
दिल मेरा थक के बैठ जाता है
रोने लगते हैं खिलखिलाते हुए
साज़िशन इतना गुदगुदाता है
साँस लेने की आपा-धापी में
दिल धड़कना ही भूल जाता है
हम किसे धड़कनें सुनाएँगे
कौन हमको गले लगाता है
मेरे अंदर ही रह के इश्क़ मेरा
क्यों मुझे रोज़ आज़माता है

## सौ-सौ छाले पाँव में आए

सौ-सौ छाले पाँव में आए
जब से तेरे गाँव में आए
रांझा-रांझा फिरते हैं सब
जो भी उसके दाँव में आए
जलते-जलते जल जाएगी
धूप से कहिए छाँव में आए
उसका साथी जान के हमको
कितने गौहर नाव में आए

## ईदी

दीये की ज़िद ने अपनी लौ मेरी साँसों पे रख दी थी
बड़ी नाज़ुक-सी ख़ामोशी मेरी बातों पे रख दी थी
ज्यूँ उसकी ज़ुल्फ़ के पर्दे मेरी आँखों पे पड़ आए
त्यूँ उसने कान की बाली मेरे गालों पे रख दी थी
न वैसा चाँद फिर निकला न वैसी ईद फिर आई
किसी ने जब मेरी ईदी मेरे होंठों पे रख दी थी

## वैसे तो रंग हूँ कहाँ फैला नहीं हूँ मैं

वैसे तो रंग हूँ कहाँ फैला नहीं हूँ मैं
बस दिल के कैनवास पे उतरा नहीं हूँ मैं
रहता हूँ जिसके साथ निभाता हूँ दूर तक
ऐ शाम तेरी धूप के जैसा नहीं हूँ मैं
इस ताश में इक बादशाह भी है सँभाल के
आहिस्ता फेरिए अभी मुर्दा नहीं हूँ मैं
जो मुझको बदलने की मुहिम पर लगा था वो
कल कह रहा था यार अब वैसा नहीं हूँ मैं
इक झाड़ हवेली पे चढ़ इतरा रहा है क्यों
ये ख़ूब समझता हूँ बस कहता नहीं हूँ मैं
इक शानदार महल बना है मेरे लिए
मिलता तो वहीं हूँ मगर रहता नहीं हूँ मैं

# तुम्हारे शहर के ही हो गए हैं

तुम्हारे शहर में जो जो गए हैं
तुम्हारे शहर के ही हो गए हैं
अब इसको काट ही लो क्या बचा है
परिंदे पेड़ से उड़ तो गए हैं
हमारे पास तुम अब भी हो लेकिन
तुम्हारे पास से हम खो गए हैं
नई वाली मुहब्बत भी सही है
मगर हम तो पुराने हो गए हैं
हम अपनी उलझनों में यूँ फँसे हैं
हमें रोए ज़माने हो गए हैं
उदासी पूछती रहती है हमसे
अचानक आप कैसे हो गए हैं
हमें ढूँढ़े है दुनिया रोज़ आके
हम अपने आप में ही खो गए हैं

## हाथ रख दे तू हम सँवर जाएँ

तेरे आगे हैं अब किधर जाएँ
हाथ रख दे तू हम सँवर जाएँ
जो दुआएँ लिखी थीं बादल पे
उनसे कहिए कि अब उतर जाएँ
एक ख़्वाहिश है काश पूरी हो
हम कभी वक़्त से भी घर जाएँ
जिनका जी ऊब गया है हमसे
उनसे कहिए कि जाएँ मर जाएँ

## महीनों बाद हम हम इतना हँसे हैं

लहक के आँख से आँसू गिरे हैं
महीनों बाद हम इतना हँसे हैं
ये कैसे ढंग का बेढब शहर है
परिंदे चाक में जोते गए हैं
कहीं कूची पे जादूगर लिखा है
कहीं पत्थर पे फ़व्वारे बने हैं
ये चौथा माह है शादी का अपनी
कहीं पर तुम कहीं पर हम पड़े हैं

## कहाँ की है कहाँ-सी बोलती है

कहाँ की है कहाँ-सी बोलती है
बिना मतलब उदासी बोलती है
बनोगे राम तो वनवास होगा
मेरे ख़्वाबों में दासी बोलती है
किसी दुल्हन से अँगनाई न छीनो
कभी जाओ तो झाँसी बोलती है
नज़र की घाट पे गंगा पर लिखा है
के उन आँखों से कासी बोलती है

## रात के दिन बहुरने वाले हैं

रात के दिन बहुरने वाले हैं
वो मेरे घर ठहरने वाले हैं
सारे लम्हे जो सोच रखे थे
आज वो सब गुज़रने वाले हैं
इनके चेहरों को पढ़ चुका हूँ मैं
ये सभी लोग डरने वाले हैं
तितलियों इस तरफ़ तो मत आना
इस तरफ़ पर कतरने वाले हैं
किसलिए इतनी रंजिशें रखनी
कल को सब लोग मरने वाले हैं
एक वादे पे रुक गए थे हम
वरना हम कब ठहरने वाले हैं

## प्यार करने में आशनाई में

प्यार करने में आशनाई में
हम भी रोए हैं दिल लगाई में
अपना सुख-चैन दे के आए हैं
एक लड़की को मुँह दिखाई में
थोड़ी तकलीफ़ सहनी पड़ती है
ऐसी शोहरत की इब्तिदाई में
देखिए कौन जीत पाता है
मेरी और मैं की इस लड़ाई में
लोग जिसपे ग़ुरूर करते हैं
हमने काटी है आवाजाई में
अब तो कासा लिए टहलते हैं
हम भी ख़ुद अपनी पेशवाई में
अब जो हो तो इलाज-ए-आख़िर हो
ज़हर दे दो हमें दवाई में

## अपनी दुनिया में खोए जाता हूँ

अपनी दुनिया में खोए जाता हूँ
कोई पूछे तो मुस्कुराता हूँ
एक लड़की है जिसकी ख़ातिर मैं
ख़्वाब में तितलियाँ उड़ाता हूँ
उसका चेहरा बनाए से न बने
इसलिए ख़ुशबुएँ बनाता हूँ
कल मुहब्बत में फूल आएँगे
अपने आँसू मैं बोए जाता हूँ

## आँखों में हैरानी है

आँखों में हैरानी है
हर मंज़र तूफ़ानी है
शर्त लगी थी दरिया से
दरिया पानी-पानी है
किससे कहने जाएँ हम
दिल में एक कहानी है
सीना जलता रहता है
धड़कन भी तूफ़ानी है

## मैं अक्सर सोचता हूँ क्या करूँ अब

मैं अक्सर सोचता हूँ क्या करूँ अब
तेरा रस्ता तकूँ या चल पड़ूँ अब
वहाँ साँकल चढ़ी है कौन होगा
अगर जाऊँ भी तो किससे मिलूँ अब
वो आँखें चुप थीं लेकिन हँस रही थीं
मेरा जी कर रहा था चूम लूँ अब
वो जितने शौक़ से मुझसे मिला था
मैं उतने शौक़ से किससे मिलूँ अब

## ख़ुद से काफ़िर होने का मन करता है

ख़ुद से काफ़िर होने का मन करता है
यार फफक के रोने का मन करता है
ख़्वाब में शायद अपने मन की दुनिया हो
सो जाने दो सोने का मन करता है
साहिल-साहिल सारा दरिया घूम चुके
अब दरिया में खोने का मन करता है
वो पगली जो कब का हमको छोड़ गई
अब भी उसका होने का मन करता है
इस दुनिया में जाने कितनी बंदिश है
उस दुनिया का होने का मन करता है
मेरी राख समेटेंगे तब जानेंगे
जिनको ख़्वाब सँजोने का मन करता है

## कैसे रस्ते पे ला दिया तूने

कैसे रस्ते पे ला दिया तूने
दिल को हल्के में ले लिया तूने
तेरे हाथों में थी शिफ़ा लेकिन
हमको अच्छा नहीं किया तूने
उम्र भर रोशनी लुटाता वो
जिस दीये को बुझा दिया तूने
तेरी मोहरों में हम तो राजा थे
कितनी जल्दी में चल दिया तूने
इतना आराम से चले जाना
मन बनाया था शर्तिया तूने
ठीक है भूल जाएँगे लेकिन
यार अच्छा नहीं किया तूने

## इस दुनिया में जाने कैसी लगती हो ?

इस दुनिया में जाने कैसी लगती हो
तुम मेरी दुनिया में अच्छी लगती हो
प्यार नहीं करती हो आख़िर क्यों हमसे
दिल रखती हो ख़ुश होती हो हँसती हो
ख़त-ओ-किताबत इश्क़-मुहब्बत गुल-ख़ुशबू
ये सब बातें हमसे ही क्यों करती हो
तुम मानो या ना मानो इक बात कहें
तुम दुनिया की सबसे अच्छी लड़की हो
कल शब फिर तुम मेरे ख़्वाब में आई थीं
क्यों तुम अपनी नींदें ज़ाया करती हो

## बस यहाँ ख़्वाब है तन्हाई है

बस यहाँ ख़्वाब है तन्हाई है
तुमने दुनिया भी क्या बनाई है
रात भर दिन का इंतज़ार करें
दिन को फिर शाम की दुहाई है
ऐ ग़मों इश्क़ ओढ़कर आना
इसका आँसू भी रोशनाई है
हाँ मुझे होश आ रहा है अब
ये ख़बर किसने फिर उड़ाई
आईने बात करने लगते हैं
मेरे चेहरे पे कुछ लिखाई है
उनसे रिश्ता भी कैसा रिश्ता है
नींद के जिस्म पे रज़ाई है
सब मेरे प्यार करने वाले हैं
बस इसी बात की लड़ाई है

## कुछ न कुछ इंतज़ार की दुनिया

कुछ न कुछ इंतज़ार की दुनिया
दिल में दर्द-ओ-ग़ुबार की दुनिया
कितनी परतों में ज़ब्त है स्साली
आँख से आर-पार की दुनिया
हर घड़ी कुछ-न-कुछ गुज़रता है
झूठ है ऐतबार की दुनिया
वो मेरे हिज्र में बहुत ख़ुश है
और मैं इंतज़ार की दुनिया

## ये भी हो सकता है कि हमसे कुछ अच्छा न बने

ये भी हो सकता है कि हमसे कुछ अच्छा न बने
हाँ मगर यूँ भी नहीं है कि तेरे जैसा न बने
अब्र या अब्र रहे या के बरस जाए मगर
बीच में आके बिना काम कुहासा न बने
मैं वो मिट्टी नहीं जो ख़ाक में मिल जाती है
मेरा दोबारा बनाएँ तो क्या-क्या न बने
दुख भी ऐसा हो कि हैरान रहे ये दुनिया
देने वाले से किसी हाल दिलासा न बने

## ख़्वाब के घर चलूँ चलूँ कि नहीं

ख़्वाब के घर चलूँ चलूँ कि नहीं
तू बता दे जियूँ जियूँ कि नहीं
अब तो बाद-ए-बहार मुश्किल है
मैं भी जाने खिलूँ खिलूँ कि नहीं
सामने हो मगर क़रीब नहीं
हाल-ए-दिल मैं कहूँ कहूँ कि नहीं
जा रहे हो तो देख लो मुड़कर
मैं कभी फिर मिलूँ मिलूँ कि नहीं

## सबसे जीता हूँ ख़ुद से हारा हूँ

सबसे जीता हूँ ख़ुद से हारा हूँ
मैं भी अपनी अना का मारा हूँ
मुझसे रोशन नहीं है कोई भी
लोग कहते हैं मैं सितारा हूँ
ये जो तमग़ा लिए टहलते हैं
ये तब जीते हैं जब मैं हारा हूँ
सैकड़ों ऐब मुझमें हैं लेकिन
जो हूँ जैसा हूँ बस तुम्हारा हूँ

## सपनों की बातें करते हो

सपनों की बातें करते हो
तुम कितने अच्छे लगते हो
माना कि तुमपे जँचता है
फिर भी क्यों नख़रे करते हो
किसकी हिम्मत आँख उठाए
तुम मेरे दिल में रहते हो
झरना तितली बादल मछली
तुम सबसे अच्छे लगते हो

# कोई समझे नहीं बतियाँ हमारी

कोई समझे नहीं बतियाँ हमारी
बड़ी दिक़्क़त में हैं ख़ुशियाँ हमारी
किसी की ख़ुशबुओं के क़र्ज़ में हैं
कई शामें कई रतियाँ हमारी
हमें उम्मीद थी कुछ तो कहेगा
वो चुप के सुन रहा बतियाँ हमारी
सभी ख़्वाबों ने मिलकर झूठ बोला
सो आख़िर थक गईं अँखियाँ हमारी

## रूप लिखा है दर्पण-दर्पण नैना रूप सुहाए कौन

रूप लिखा है दर्पण-दर्पण नैना रूप सुहाए कौन
जी का हाल उदासी पूछे आख़िर इसे बताए कौन
पूछ रही हैं मौन पतंगें उड़ना है या उड़ जाना है
चारागरों को दुनिया वालों चारागरी समझाए कौन

## ये हमको क्यों कोई उकताए साईं

ये हमको क्यों कोई उकताए साईं
हमारा दिल कहीं लग जाए साईं
मेरे मन पे कोई ज़ंजीर डालो
बहुत रोके बहुत भरमाए साईं।

## इश्क़ नक़द है दर्द उधारी देखेंगे

इश्क़ नक़द है दर्द उधारी देखेंगे
इक़ सौदे में सौ बीमारी देखेंगे
जो करते हैं अपने मन से करते हैं
इनसे उनसे रायशुमारी देखेंगे
सब कहते हैं क्या कहते हैं कहने दो
ख़्वाब तुम्हारे आँख हमारी देखेंगे
एक अदद हम इतने दुश्मन हैं
आओ स्सालों बारी-बारी देखेंगे

## यूँ दिखावे की हिफ़ाज़त न सँभालेगी मुझे

यूँ दिखावे की हिफ़ाज़त न सँभालेगी मुझे
ये हवा तेज़ है इस बार बुझा देगी मुझे
तू नजूमी है मेरी जान तुझे क्या दिक़्क़त
तू जो चाहे तो लकीरों में बना देगी मुझे
मैं भी सिक्का हूँ मेरे पास हैं दो-दो पहलू
दम परखने के लिए उम्र उछालेगी मुझे
तुझसे रूठूँ भी तो बिछड़न का नहीं लगता डर
जानता हूँ कि दुबारा तू मना लेगी मुझे
तेरी मर्ज़ी हो तो यूँ भी मैं बिखर जाऊँगा
वरना ये जंग की बाज़ी क्या गिरा लेगी मुझे

## हम यूँ ही उम्र भर रहेंगे क्या

हम यूँ ही उम्र भर रहेंगे क्या
कोई पूछेगा तो कहेंगे क्या
ये कहानी अगर लिखेंगे तो
तेरे किरदार को लिखेंगे क्या

## एक चुटकी ज़िंदगी

एक चुटकी ज़िंदगी जी लो न यार
थोड़ा रुक के, ज़रा थम के
कभी हँस के, कहीं रो के
कभी माँ के साथ बैठ के, वाइफ़ के साथ डिनर जाके
बच्चों के साथ गेम खेल के, दो घड़ी सुस्ता लो न यार
दिल रोज़ कहता था, एक चुटकी ज़िंदगी जी लो न यार

पर हम तो जैसे हर बात हवा में उछाल देते
आज की भागम-भाग सँभालने में सब कल पे टाल देते
हँसते भी, थकते भी, दौड़ते भी, रुकते भी,
पर अपनी मर्ज़ी से कहाँ?
ज़िंदगी जैसे सर्कस का शेर हो गई थी
कौन राजा, कौन जोगी
क्या ख़ास क्या आम, हर कोई घड़ी की सुइयों का ग़ुलाम
वॉक पर रोज़ जाते, पर छूट-से गए थे मस्ती वाले सैर-सपाटे
रिश्ते, इमोशन, स्माइल सब नाप के
बस एक बात का डर कहीं देर न हो जाए
कुछ ख़याल नहीं क्या पाने के लिए
क्या-क्या छोड़े जा रहे हैं हम

माँ के हाथ की रोटियाँ, दोस्तों की कच्ची-पक्की महफ़िलें
नुक्कड़ की चाय, बेवजह की गपशप और ख़ूब ज़ोर से ठठाकर हँसना
हँसी और ख़ुशी का फ़र्क़ भूल गए थे
दौड़ रोज़ रहे थे पहुँच कहीं नहीं रहे थे
ज़िंदगी में कुछ पाने के लिए ज़िंदगी से ही रिश्ता तोड़ लिया था
दोस्तों की जगह फ़ेसबुक फ्रेंड्स ने ले ली,
और पिज़्ज़ा माँ की रोटियाँ खा गया
वो अपने जो रोज़ हमारी एक मुस्कुराहट के लिए तरसते
उनके हिस्से की मुस्कुराहट ऑफ़िस में बॉस को परोस दी
और घर ले के लौटते ऑफ़िस की थकान,
काम का चिड़चिड़ापन
और बेवजह की टेंशन
जी तो वैसे भी कोई नहीं रहा था,
न ख़ुशियाँ न ग़म न रिश्ते न दोस्ती
सब भागम-भाग में बस साँसें लिए जा रहे थे
इस मरती हुई दुनिया को एक बीमारी ने जीना सिखा दिया
फटे-पुराने रिश्तों को फिर से सीना सिखा दिया
अब न कोई होड़ है न ही किसी से दौड़ है
न ही कुछ अधिक पाने की ख़्वाहिश है
न ही कुछ ज़्यादा खोने का ग़म
ज़िंदगी अब पहले की तरह कम नहीं पड़ती
दिन जल्दी शुरू हो के देर से ख़त्म होता है
दिन और रात के बीच अब शाम भी होती है
और शाम के बाद देर तक गप्पों वाली रात
घर वाले साथ बैठ के खाना खाते हैं
पुराने एल्बम्स में खोए रिश्ते तलाशे जाते हैं

समझ आ रहा है ज़रूरतें कितनी कम थीं
और हमारी दौड़ कितनी बेवजह
नखरे ज़िंदगी के नहीं लाइफ़ स्टाइल के थे
उम्र अब लंबी नहीं बड़ी नज़र आ रही है
हँसी और ख़ुशी का फ़र्क़ समझ आ रहा है
लोग दूसरों की भूख की चिंता कर रहे हैं
दवाएँ पहुँचा रहे हैं
हाथ मिला नहीं रहे पर बढ़ाना सीख गए हैं
दूसरों के दुख में दुखी होने का सलीक़ा आ गया है
देखो हमें फिर से जीना आ गया है
वक़्त बहते हुए का नाम है दोस्त
जो कल था वो भी गुज़र गया जो आज है वो भी गुज़र जाएगा
पर ध्यान रखना
कहीं कोई ज़िंदगी से तेज़ दौड़ता मिले
तो काँधे पर हाथ रखना और कहना
दो घड़ी सुस्ता लो न यार
एक चुटकी ज़िंदगी जी लो न यार

# आज़ाद शे'र

साँसें भारी नींद उड़ी है उलझन है लाचारी है
तुम क्या जानो दिल पे कितने ज़ख़्मों की दुश्वारी है

•

आँखों में नींद सूख गई ख़्वाब मर गए
ऐ ज़िंदगी इस बार तो हम सच में डर गए

•

जगती रातें उलझे दिन
उम्र यही है तेरे बिन

•

इन आँखों में कोई ख़्वाहिश नहीं है
सो अब रोने की गुंजाइश नहीं है

•

हमीं तो थे जो ज़माने का ध्यान रखते थे
हमारे बाद ज़माने का क्या हुआ होगा

•

जब तक कहीं भी ज़ुल्म है और हमको याद है
तब तक हमारा इंक़लाब ज़िंदाबाद है

•

थोड़े से अल्हड़ ज़रा-से बेहिसाबी हैं तो हैं
है बग़ावत ख़ून में हम इंक़लाबी हैं तो हैं

•

मिलने की आज़ादी कर लें हम दोनों
सोच रहे हैं शादी कर लें हम दोनों

•

हिज्र दिल याद मुहब्बत की ये सारी दिक़्क़त
तुम समझते ही नहीं यार हमारी दिक़्क़त

•

पराई बाँह में रातें बिताकर जब कभी दिन में
हमें टीवी पे देखोगे तो सोचो कितना रोओगे

•

सब्र का इम्तहान ले लेकर
तुम मेरा इश्क़ मार डालोगे

•

हमें लगता नहीं हम ख़ुश रहेंगे
मुहब्बत करने वालों ख़ुश रहो तुम

•

जाने किस बात से अदावत है
नींद आँखों में अब नहीं आती

•

मौला मेरे गुनाह की मुझको सज़ा नवाज़
माफ़ी का बोझ मुझसे उठाया न जाएगा

•

आज भी कुछ नहीं बदला है तेरे जाने में
हर दफ़ा लगता है तू पहली दफ़ा छूटी है

•

सारे शहर को साँझ की चादर ने ढँक लिया
वो शख़्स जैसे था ही नहीं आफ़ताब था

•

होंठों ने इक पत्र लिखा है जान तुम्हारे गालों को
कम ही पास फटकने देना अबकी धूर्त गुलालों को

•

लोग हमें पढ़ेंगे सदियों तक
हम किताबों के ख़ानदान से हैं

•

तुम्हारे साथ जो देखे थे मैंने
वो सारे ख़्वाब बाग़ी हो रहे हैं

•

भला मैं उम्र भर कैसे जियूँगा
मेरे सब ख़्वाब चोरी हो गए हैं

•

कौन समझेगा ये पहाड़-सा दुख
किसके काँधे पे खुल के रोएँ हम

•

बहुत मुश्किल से ख़ुद को दूर कर पाए हैं तुमसे
बहुत मुश्किल का मतलब तुम न समझोगे जाना

•

जीत हूँ जश्न-ए-मुक़द्दर हूँ मैं
ग़ौर से देख सिकंदर हूँ मैं

•

जाने कैसे ख़ुश रहने की आदत डाली जाती है
उनके यहाँ तो बारिश में भी धूप निकाली जाती है

•

इश्क़ करने की उम्र में हमने
दुनियादारी सँभाल रक्खी है

•

अपनी यादों से कहो ख़ैर करें
हिचकियाँ जान लेने वाली हैं

•

ख़याल रखते हुए प्यार-व्यार करते हुए
मैं थक गया हूँ तेरा ऐतबार करते हुए

•

तुम्हारे साथ का वादा था लेकिन
अकेले चाय पीनी पड़ रही है

•

सोचो कितना अर्सा बीत गए हो तुम
अब तो ख़ुद से ख़ुद की ख़ुशबू आती है

•

अच्छे शेर सुनाने वाले लड़के सुन
अच्छे शायर तनहा ही रह जाते हैं

•

सबके सब मोहरे हैं उसकी चौपड़ के
उसकी मर्ज़ी जिस ख़ाने में चाल चले

•

होना है मेरे दिल का जो नुक़सान मुबारक
तू ले जा मेरी जान, मेरी जान मुबारक

•

हम बहुत दंग थे कहानी पे
आग लिखा हुआ था पानी पे

•

रिश्तों की इबारत पे रख के धूल गया तू
ऐ दोस्त मेरी जान मुझे भूल गया तू

•

तुम हमको क्या ख़ाक मुकम्मल पाओगे
हम ख़ुद को भी क़तरा-क़तरा हासिल हैं